PAIX A L'ALLEMAGNE!

Friede ernährt.
Unfriede verzehrt.

THÉOPHILE DE LAAGE

COGNAC
IMPRIMERIE DE DUROSIER
1867

PAIX A L'ALLEMAGNE!

PAIX A L'ALLEMAGNE!

Au milieu des préoccupations nombreuses qui agitent l'Europe depuis quelques mois, que pourrions-nous dire pour calmer les passions mises en éveil, les susceptibilités des uns, les défiances ou les convoitiscs des autres?

Quelque faible que soit notre voix, nous essaierons pourtant de l'élever dans un but de patriotisme vrai et sincère; et, si notre personne est obscure, nous espérons qu'on trouvera dans cette obscurité même, dans l'indépendance de notre position et de notre caractère, une garantie suffisante de la pureté de nos intentions.

Nous ne venons point critiquer les actes du Gouvernement dans sa conduite vis-à-vis de l'Allemagne, nous ne voudrions pas non plus les louer sans raison. Nous ne venons pas dire : « Voici ce que l'on aurait dû faire et ce que l'on n'a pas fait... » A d'autres ce rôle plein de responsabilité et ce langage qui ne manque jamais d'une certaine présomption. Notre vœu serait d'atténuer l'effet des cruelles paroles qui ont été dites par les orateurs de l'opposition à la Chambre des députés et d'engager tous les esprits à embrasser franchement le parti et les idées de la paix.

On s'est trop inquiété, à la suite des discours prononcés au Corps législatif, de ce qui s'est passé en Allemagne en 1866. Les Allemands ont fait chez eux ce que nous avons fait chez nous même dans l'espace de plusieurs siècles ; il leur a suffi de quelques mois... voilà toute la différence.

Pourquoi s'étonner de ce qu'un roi, secondé par un ministre éminent, ait accompli, par la force de sa volonté, par le concours d'heureux événements, ce que tous les Allemands désiraient depuis longues années : l'unification de l'Allemagne?

— Mais, nous dit-on, cet état de choses est préoccupant pour nous !

— Moins qu'on ne le croit. Nous le prouverons. Est-ce que la situation des Etats Allemands, telle qu'elle était avant Sadowa, n'était pas anormale au point de vue germanique? Comprend-on qu'ils aient dû se réunir en un seul faisceau? Imaginez que ce soit la France et non la Prusse qui, en 1806, eût à subir la défaite d'Iéna... Croyez-vous alors que nous eussions attendu 1866 pour nous relever de cet échec? Si l'on a voulu apporter un contre-poids aux ambitions éventuelles de la France, que pouvons-nous trouver à y redire, nous qui trouvons la France assez grande, assez forte telle qu'elle est, et qui ne demandons pas mieux de respecter les intérêts des autres, pourvu qu'on respecte les nôtres?

— La Prusse a un nombre d'habitants égal au nôtre!

— Eh bien! je vous le demande, les soldats français ne valent-ils pas ceux de la Prusse?... Il y a donc équilibre.

Si nous trouvons en la Prusse un voisin qui nous soit égal en population, en force, cherchons à rivaliser avec lui par toutes les vertus civiques qui font un grand peuple. Unissons-nous, soutenons la clef de voûte de l'édifice social, le dépositaire de l'autorité, et prêtons-lui main-forte pour la défense de nos intérêts et de nos droits!

On a parlé de *frontières naturelles!* N'est-il pas déplorable qu'à notre époque, on se croie plus en sûreté derrière une montagne, au-delà d'un fleuve... Les fortifications de Paris elles-mêmes pourraient-elles donc protéger la capitale contre l'invasion étrangère?... Mais ces idées là sont d'un autre âge! Les moyens de transport, de locomotion, les engins de guerre usités maintenant sont tels, que ces idées là n'ont plus leur raison d'être...

Pourquoi s'en tenir au principe patriotique mais suranné, en vertu duquel la France doit être le premier pays du Monde au point de vue militaire? Pourquoi cette aristocratie des peuples, lorsqu'on ne l'admet plus parmi les individus? Nous sommes loin de regretter qu'on la repousse d'individu à individu ; mais nous ne pouvons l'admettre de peuple à peuple!

Si nous continuons à être légers, turbulents, versatiles dans nos affections, il est craindre en effet que nos voisins d'outre-Rhin ne nous dépassent promptement dans la voie de la civilisation à la tête de laquelle nous avons toujours marché pendant bien des siècles!

Mais il n'y a là qu'une question de vain amour-propre; l'intérêt sérieux de la France n'est pas en jeu. C'est pourquoi nous ne repoussons pas cette éventualité comme anti-française. Il ne tiendra qu'à nous, d'ailleurs, de maintenir notre haut ascendant moral par la pratique des vertus qui font les bons citoyens et les grandes nations.

A l'époque où nous sommes, ne convient-il pas de se placer à un point de vue plus général, plus élevé que celui qui circonscrit chaque peuple dans les limites d'un territoire déterminé? L'idée de patrie s'efface devant la grande figure de l'Humanité. Tous les peuples sont frères, comme les individus qui les composent. Pourquoi chercher des motifs de querelles sanglantes dans des questions d'un misérable amour-propre? O frivoles Athéniens de la France, regardez prospérer sans envie les austères Spartiates de la Germanie, et sachez vous montrer tour à tour leurs imitateurs ou leurs modèles!

Que M. de Bismark, après avoir unifié l'Allemagne, veuille rester en paix avec nous, rien n'est plus naturel, à notre avis. Il a accompli une œuvre colossale, gigantesque, qui lui assure un grand nom dans l'histoire. Il ne veut pas compromettre cette œuvre sur un coup de dé. Il sait que la fortune a des revers, il ne veut pas s'y exposer. Qu'y a-t-il donc d'étonnant dans la politique de conciliation qu'on lui prête depuis quelques jours, à propos de la question du Luxembourg?

Que nous importe cette forteresse et les 200,000 habitants du grand-duché. Mieux vaut pour nous la paix, la tranquillité et la réalisation de l'ère de liberté qu'on nous a solennellement promise, mais qui ne peut commencer qu'au milieu du calme et de l'apaisement de toutes les passions et des inquiétudes si universellement éveillées.

Qu'on donne donc le Luxembourg à la Belgique, ou que, par tout autre moyen, on mette notre honneur national à couvert, c'est là tout ce que nous pouvons souhaiter.

A ceux qui veulent la guerre, nous dirons : Mais quel est votre but? Où voulez-vous en venir? Châtier la Prusse de ce qu'elle s'est agrandie sans nous donner la moindre compensation? Quelles vues mesquines;

et comme on accréditerait bien alors les bruits si fâcheux de l'entente secrète de Biarritz! Voulez-vous les frontières du Rhin? Mais croyez-vous donc être plus en sûreté derrière ce beau fleuve? Et s'il y a quelque avantage à agrandir la France de ce côté pour la mettre à l'abri d'un coup de main, croyez-vous que cet avantage que nous regardons comme très-contestable, vaille la peine de sacrifier des milliers de soldats et des millions de francs? Pour nous, nous ne le croyons pas. Restons abrités derrière les vrais principes de la concorde, de la paix et de l'union qui fait notre force à l'intérieur, et ne lançons pas au dehors ces brulôts qui peuvent allumer un immense incendie.

Nous avons donné à l'Allemagne assez de griefs contre nous au commencement de ce siècle, ne nous exposons pas à prolonger et à envenimer ces inimitiés de peuple à peuple qui ont fait commettre de si grandes fautes dans les siècles passés.

Vous voudriez faire la guerre à la Prusse? Voulez-vous donc pour elle une nouvelle bataille d'Iéna? Nous ne le supposons pas. Ce serait le comble de la folie. Eh bien! n'oublions pas que ce sont les guerres de l'Empire, c'est la première campagne d'Iéna, ce sont toutes les humiliations subies par chacun des Etats d'Allemagne, et en particulier par la Prusse, qui ont préparé les événements de 1866. — Vous voudriez la guerre contre la Prusse! Mais il y a soixante ans que l'Allemagne, domptée par une main de fer qui était française, veut former une agglomération plus compacte, pour éviter le retour de pareils malheurs. Ecoutez ce qu'écrivait M. Thiers en 1856, dans l'*Histoire du Consulat et de l'Empire :* « Les cœurs, en effet, étaient remplis en
» Prusse d'une haine inouïe contre la France. Toute la jeunesse des
» classes élevées, toute celle des classes moyennes, nobles et bourgeois,
» prêtres et philosophes, se réunissaient dans des sociétés secrètes qui
» prenaient divers noms : *Ligue de la vertu, Ligue germanique,* so-
» ciétés dans lesquelles on promettait de n'aimer que l'Allemagne, de
» ne vivre que pour elle, d'oublier toute différence de classe ou de pro-
» vince, de ne plus admettre qu'il y eût des nobles et des non nobles,

» des Saxons, des Bavarois, des Prussiens, des Wurtembergeois, des
» Westphaliens, de repousser toutes ces distinctions, de ne reconnaître
» que des Allemands, de ne parler que la langue de l'Allemagne, de
» ne porter que des tissus fabriqués chez elle, de ne consommer que
» des produits sortis de son sein, de n'aimer, cultiver, favoriser, que
» l'art Allemand, de consacrer enfin toutes ses facultés à l'Allemagne
» seule. Ainsi le patriotisme exalté de l'Allemagne s'enfonçait dans
» l'ombre et le mystère, satisfaisant à la fois en cela un besoin de la
» situation et un penchant du génie germanique. »

Deux générations sont déjà passées nourrissant ces idées, remplies de
ces aspirations vers une patrie Allemande. Pour atteindre ce but, il n'a
pas fallu moins que ce temps-là aux peuples germaniques, prompts
à penser, mais longs à exécuter leurs desseins; patients, mais irrécon-
ciliables lorsqu'ils sont froissés. Ce travail lent de la pensée n'en est
que plus solide et les principes qu'il imprime dans les caractères n'en
sont que plus tenaces. Que feriez-vous donc contre une race qui veut
s'unir; qui tend à s'unir depuis soixante ans ; qui a réfléchi depuis
soixante ans sur le moyen d'y arriver, et qui enfin, par une guerre qui
est un vrai coup d'Etat, vient de s'unifier d'une manière aussi défini-
tive qu'inattendue? Cette guerre a mis fin à toutes les causes de dissen-
timent, réduit à néant les intérêts contraires, au sein des pays Allemands.
Donc, si vous voulez lutter contre la Prusse, attendez-vous à voir toute
l'Allemagne se dresser contre vous; attendez-vous à rendre intimes d'un
seul coup les liens qui, jusqu'à présent, sont un peu superficiels, de
l'union Allemande. Quand les Bavarois, les Hessois, les Saxons, etc.,
auront combattu *pro aris et focis* sous un seul et même drapeau Allemand, celui de la Prusse, ils aimeront ce drapeau à tout jamais, et, au
lieu de la détruire, vous aurez consolidé l'œuvre de M. de Bismark!

Vous voulez la guerre contre la Prusse! Songez encore une fois que
c'est contre toute l'Allemagne que vous l'entreprendrez!... Vous désirez
l'agrandissement de la France! Songez que le sort des armes est incer-
tain et que vous pouvez perdre à ce jeu la Lorraine et l'Alsace.

Ah ! c'est alors que vous revendiqueriez vos droits sur ces deux provinces, c'est alors que la lutte prendrait un caractère d'acharnement inusité et nous vous approuverions de toutes nos forces. Certes, nous sommes loin de douter de la valeur de nos troupes, et nous serions pleins de confiance dans le succès de nos armes, mais nous ne pouvons oublier que la Prusse a battu la noble et vaillante Autriche, et que le sort des combats tient quelquefois à un fil.

Vous voulez la guerre contre la Prusse ! Vous voulez donc remettre tout en question... C'est une guerre générale qui se prépare alors, et voyez comme de toute part les ateliers d'armes à feu sont occupés. C'est une boucherie épouvantable, une série de calamités indescriptibles, un immense mouvement de recul de la civilisation vers la barbarie.

Vous êtes froissé de ce qui s'est passé en 1866. Mais faut-il le dire ? Est-ce que l'annexion de Nice et de la Savoie n'auraient pas précipité les événements de cette mémorable année ?

Sachez-le bien, le nom de Français est tenu en suspicion à l'Etranger ; on y craint nos goûts belliqueux. Le nom glorieux de celui qui nous gouverne rappelle à nos voisins d'Allemagne, aux Prussiens surtout, bien des souvenirs humiliants. Lorsqu'en maintes occasions on a vu l'Empereur en personne maudire les traités de 1815 et affirmer devant l'Europe qui les avait faits contre nous, qu'ils n'existaient plus en réalité ; lorsqu'on nous a vu guerroyant en Crimée, en Italie, en Chine, au Mexique, qu'on nous a vu mettre la main sur Nice et la Savoie, qui ne demandaient pas mieux, c'est vrai, mais qui n'en constituaient pas moins un agrandissement notable, est-il étonnant que les défiances, les craintes de l'Etranger se soient réveillées ? L'Empereur avait si bien senti cette situation des esprits à son avènement au Trône, qu'il n'a cessé, pendant les premières années de son règne, de parler de la paix intérieure et extérieure, et qu'enfin il a prononcé cette immortelle parole : « L'Empire c'est la paix ! »

Malheureusement, des circonstances se sont présentées ; on a fait la guerre, on s'est annexé Nice et la Savoie. Que l'on ne s'étonne donc pas si l'on a pu craindre, sur les bords du Rhin, que nous cherchions une occasion de nous approprier les belles et riches provinces rhénanes ! De là, le désir d'unification chez les Allemands ; de là, pour M. de Bismark, l'excellente occasion de rallier tous les éléments disséminés et divisés de l'Empire germanique, pour n'en former qu'un seul corps, une seule masse n'ayant qu'un chef et une volonté, prêts à la résistance pour maintenir l'œuvre consommée de la patrie allemande.

Maintenant que l'Allemagne est unifiée, on croit que M. de Bismark irait compromettre le succès de son œuvre pour le misérable démêlé du Luxembourg ! Ce serait de sa part un entêtement aveugle. Nous lui croyons plus de sagacité politique. Et, lorsqu'on vous dit que c'est le parti militaire qui veut le maintien de la garnison prussienne du Luxembourg et que M. de Bismark est dans un camp opposé à ce parti, nous y croyons fermement comme à la situation la plus logique et la plus vraie. Que M. de Bismark désire la paix pour compléter le travail de réorganisation intérieure de l'Allemagne... nous n'en pouvons douter. Remarquez que nous n'avons pas affaire à un batailleur comme le fameux général italien qui ne sait que se battre. Ce n'est point un homme d'épée, mais un grand ministre plein de clairvoyance, de tact et de courage ; c'est un homme ayant un plan, dominé par une idée et ayant toutes les qualités voulues pour exécuter l'un et l'autre. Il a eu besoin du parti militaire, il l'a flatté et encouragé, et, la campagne finie, il a obtenu pour lui de brillantes récompenses. Maintenant que ce parti cherche à le dominer et à l'entraîner dans des complications qu'il ne souhaite pas, nous le comprenons, il se sépare de lui et lutte contre lui. Quoi de plus naturel ? Que l'on conteste son désir de la paix, nous ne le comprenons pas.

Que par le fait de l'unité de l'Allemagne sous un même sceptre, nous nous trouvions avoir un voisin redoutable à l'occasion, nous en convenons. Et c'est pourquoi nous ne voyons qu'un acte de prudence dans les projets de réorganisation militaire présentés à nos Chambres. Tout partisan de la paix que nous sommes, nous ne trouvons aucun motif d'effroi dans ce nouveau régime. L'équilibre qui résulte vis-à-vis de nos voisins d'un nombre à peu près égal de populations, d'institutions militaires faciles à enraciner dans la masse du peuple, nous donne l'espoir qu'au bout d'un certain nombre d'années, quand les passions beaucoup trop surexcitées en ce moment-ci seront calmées, les peuples ayant moins d'occasion de jalousie, de froissement réciproques, fatigués des énormes dépenses militaires que chacun fera par mesure de précaution, devenues de moins en moins nécessaires, ayant leurs intérêts de plus en plus mêlés entre eux par les liens du commerce et de l'industrie, seront les premiers à demander un désarmement général.

Que l'on se livre à l'impression causée par certaines paroles du discours du roi de Prusse, prononcé à la fin de la session législative, de certaines forfanteries de langage attribuées à M. de Bismark, parce qu'elles sont contenues dans des journaux qui passent pour recevoir de lui leurs inspirations, nous paraît un signe de grande légèreté.

Où trouver l'odeur de la poudre dans ces paroles :

« Le temps est venu où notre patrie allemande, par l'ensemble de ses
» forces, est en état de défendre la paix, son droit et sa dignité... »

C'est le langage d'un roi placé à la tête d'un grand peuple et qui veut affirmer la haute position qu'il occupe parmi les autres peuples dont il n'a plus à redouter les querelles, les chicanes ou les humilia-tions : il n'y a là rien de plus. Mais d'ailleurs le vrai sens de ces paroles ne s'explique-t-il pas assez par les suivantes :

«... Toute l'Allemagne, ses gouvernements autant que son peuple
» ne sont pas moins d'accord sur ce point que la puissance nationale
» qui vient d'être reconquise doit s'affirmer en sauvegardant les
» bienfaits de la paix... »

Il nous semble qu'il ne peut y avoir équivoque.

Quant aux bravades de la presse allemande, il ne nous paraît pas digne d'une nation forte et puissante de s'y arrêter.

Constatons seulement qu'il nous paraît dur d'entendre ou de lire ces fanfaronnades, et comprenons que si maintenant il nous semble pénible de voir un voisin nous traiter d'égal à égal, il n'a pas dû être moins sensible en d'autres temps à ce même peuple de recevoir de nous-mêmes les plus rudes et les plus humiliantes leçons. En un mot, si nous sommes chatouilleux dans notre amour-propre, sachons respecter celui des autres. Sachons nous habituer à vivre à côté d'un voisin aussi fort et aussi puisssant que nous, et ne nous laissons pas aller aux accès d'une puérile et dangereuse jalousie.

Mais comme, en matière de paix ou de guerre, l'intérêt des gouvernements ou des peuples est le guide suprême, rassurons-nous. L'intérêt de l'Allemagne est dans la paix, comme nous l'avons démontré. Elle ne nous attaquera pas; mais elle est prête à nous résister, si nous l'attaquons. Voilà la position.

Bien insensés serions-nous, si nous venions à être les agresseurs. Nous craindrions de voir se renouveler alors les guerres continuelles, incessantes du premier Empire. Nous pourrions, par de nouveaux succès, retarder l'unification de l'Allemagne; mais l'empêcher, jamais !·

Pouvons-nous craindre d'être attaqués prochainement? Evidemment non, puisque ce n'est pas l'intérêt de la Prusse. Il n'y a qu'un parti qui puisse pousser à la guerre en ce moment, c'est le parti militaire; mais le gouvernement prussien est d'avis que l'armée a accompli sa mission, son rôle est joué. C'est aux administrateurs à remplir le leur, et il faut en convenir, il est hérissé de difficultés de tout genre. Il faut encore des années pour établir parmi tous ces rouages divers, parmi tous ces éléments hétérogènes, l'harmonie et l'unité admirables, qui font la gloire et la force incomparable de la France !

La guerre ne pourrait donc commencer que de notre côté, et pourquoi la ferions-nous? Nous n'y avons pas d'intérêts. On l'a dit : le temps est passé où il aurait fallu l'entreprendre, si jamais il eût été convenable de la faire, ce que nous contestons fort, nous ralliant pleinement aux idées émises par M. Rouher sur ces grandes questions.

Quoi qu'il en soit de l'organisation militaire de la Prusse et des vues ambitieuses de cet Etat, il faut convenir que la Prusse, telle qu'elle était avant la dernière guerre (*), ne compose actuellement que la petite moitié de ce que l'on nomme improprement la *Confédération du Nord* pour désigner l'Allemagne : il y a donc lieu d'espérer que ces tendances qui nous préoccupent, trouveront au sein même de ce pays là un contre-poids suffisant pour les arrêter. Il faut en effet se rassurer du côté du caractère de la nation allemande. Il n'est ni turbulent, ni envahisseur. Les mœurs du peuple y sont douces et simples. L'Allemagne est le foyer des lumières de toute l'Europe. Les arts libéraux y sont fort en honneur, et le goût du travail et des sciences y est plus généralement développé que chez nous. Au point de vue commercial, les Allemands peuvent se placer au premier rang à côté des Anglais.

Sous le rapport politique, ils ont à faire leurs preuves. Mais leur caractère sérieux et réfléchi, leur esprit droit et honnête, leur volonté tenace et persévérante, nous sont un sûr garant de leur réussite, si de bonnes et sages institutions viennent couronner l'édifice qu'ils viennent de construire.

Nous avons tâché de démontrer que l'intérêt français n'était point en

---

(*) Avant la guerre, la Prusse comptait de 16 à 18 millions d'habitants; aujourd'hui, la prétendue Confédération se compose d'environ 40 millions d'hommes.

jeu, quant à présent, dans les questions qui se rattachent à l'unification de l'Allemagne. La prochaine organisation militaire nous rassure contre les éventualités de l'avenir. Si l'amour-propre seul est en cause, sachons en modérer les inspirations et ne prenons conseil que du sentiment de la force que nous donne l'harmonie parfaite qui existe entre tous les éléments de notre grande nation.

S'il s'est opéré à côté de nous une révolution, qui, sans nous faire descendre du premier rang parmi les peuples, nous crée un rival puissant, rappelons-nous qu'il serait insensé de notre part de vouloir changer les conséquences des faits accomplis, et, nous résignant à la pensée d'avoir pour voisin un émule en force et en puissance, raffermissons-nous dans des pensées de conciliation et de concorde, et disons :

Paix à l'Allemagne !

Avril 1867.

www.ingramcontent.com/pod-product-compliance
Lightning Source LLC
Chambersburg PA
CBHW050749070726
47597CB00009B/4141